TIPHAIGNE DE LA ROCHE.

Etude bibliographique.

S'autorisant de l'exemple de quelques hommes de talent, chacun s'est efforcé à l'envi, depuis quelques années, de ressusciter les gloires ensevelies. Dieu seul sait combien d'écrivains qui, de leur vivant même, n'avaient pu trouver un lecteur, ont été tout-à-coup tirés de leur tombeau, et ont vu à leur grand étonnement, sans doute, eux qui, dans l'autre monde, doivent avoir perdu toute prétention aux vanités de celui-ci, leur front se parer d'une auréole, et leur nom acquérir une célébrité sur laquelle assurément ils ne comptaient plus ; auréole, il est vrai, qui s'évanouit bientôt, célébrité qui ne dure guères qu'autant que le feuilleton qui l'a inventée ! Céderions-nous à cette manie de l'époque en voulant remettre en lumière un auteur à peine connu aujourd'hui des bibliographes, ou bien son titre de compatriote nous aurait-il trop bien disposé en sa faveur ? Cela serait très-possible. En tout cas, comme nous ne cherchons qu'à rappeler l'attention sur des écrits que nous ne pensons pas mériter l'outrageant oubli dans lequel ils sont tombés,

TIPHAIGNE DE LA ROCHE.

ÉTUDE BIBLIOGRAPHIQUE

PAR M. G. MANCEL,

CONSERVATEUR DE LA BIBLIOTHÈQUE DE CAEN.

IMPRIMERIE DE A. HARDEL, LIBRAIRE ET LITHOGRAPHE,

Rue Froide, 2.

1845.

nous sommes tout prêt, si le public ne confirme pas notre sentence de réhabilitation, à la regarder comme non avenue. Si, au contraire, nous parvenons à exciter la curiosité de quelques personnes, nous consentons volontiers à en laisser tout l'honneur à de nombreuses citations et surtout aux excellentes analyses (1) de Fréron, auxquelles nous ferons de très-fréquents emprunts. Fréron est encore un écrivain qu'on ne lit plus, et dont on a voulu relever la réputation. Il en était digne sous bien des rapports. Mais ce n'est pas de lui que nous avons à parler, du moins aujourd'hui.

Le docteur Charles-François Tiphaigne de La Roche, dont nous nous occuperons, comme l'indique le titre de cet article, a fait si peu parler de lui que les biographes n'ont pu que signaler l'époque de sa naissance à Montebourg, en 1729; sa qualité de médecin; l'université de Caen, dans laquelle il avait pris ses degrés, et l'époque de sa mort dans sa patrie, le 12 août 1774. Ils se sont ensuite bornés à donner la liste de ses différents livres, parmi lesquels ils ont compté une nouvelle édition du dictionnaire de Furetière, à laquelle il aurait fait quelques additions, bien que la dernière édition de ce dictionnaire ait paru en 1725, c'est-à-dire quatre ans avant sa naissance. De sa vie on n'en sait rien. Tout porte à croire qu'elle fut celle d'un flâneur, mais d'un flâneur actif dans le genre de Chamisso, d'Hoffmann ou de Charles Nodier, qu'il en passa une moitié à acquérir de la science et une autre à appliquer cette science à des travaux qui, au premier aperçu, ne semblent être que les enfants du caprice

(1) *Lettres*, 1753. — *Année littéraire*, 1760, 1765.

et de l'imagination la plus vagabonde. Le docteur Tiphaigne n'a composé, à peu près, que des romans fantastiques, comme on dit à présent, mais avant d'en tracer une ligne, il a dû être, on le comprendra en les lisant, bon astronome, bon physicien, bon économiste. Sans cela ses contes eussent paru trop invraisemblables : son style d'ailleurs est facile, pur et souvent remarquable.

Le premier ouvrage que fit imprimer Tiphaigne est Intitulé *Amilec, ou la graine d'hommes qui sert à peupler les planètes*, à Lunéville (capitale de la lune), aux dépens de Ch. Hugène *(sic)*, à l'enseigne de Fontenelle, (Christian Huyghens et Fontenelle, l'un et l'autre auteurs de traités sur la pluralité des mondes) (1).

Ce livre commence par une dédicace aux savants. L'auteur leur témoigne son respect, son admiration et le désir qu'il avait de tenir un rang parmi eux. Il leur dit qu'après avoir consacré beaucoup de temps à l'étude, et n'ayant recueilli aucun fruit de ses veilles, il avait conclu que les hommes voulaient s'élever à des connaissances auxquelles il ne leur était pas donné de parvenir. Il s'était trompé par réflexion ; il s'est désabusé par hasard. Autrefois il lisait, il méditait, il combinait et il n'apercevait rien : aujourd'hui il végète, il dort, il rêve, et il s'instruit. Il reproche aux savants de lui avoir caché l'important mystère que pour faire d'heureuses découvertes, il ne s'agissait que de rêver doctement ; il leur fait hommage de son premier songe qui est une

(1) Fréron dans ses *lettres*, année 1753, nous apprend le nom du libraire éditeur d'*Amilec*. C'était le libraire Lambert, rue de l'Académie Française.

critique ingénieuse, non-seulement des faiseurs de systêmes, des physiciens et des naturalistes de son temps, mais une satire générale de tous les états de la vie, dont il explique les travers et les ridicules par son hypothèse, suivant la méthode de la plupart des philosophes, qui, tant bien que mal, rendent raison de tout par un principe chimérique qu'ils ont imaginé (1).

Un jour notre auteur étudiait la matière de la génération. Entouré de volumes in-folio, il s'endort; ce qui n'est pas contre la vraisemblance : il fait plus, il rêve. Il croit voir venir à lui un jeune homme d'une taille avantageuse, et qui a dans la physionomie quelque chose de supérieur à l'humanité. « Je m'appelle *Amilec*, lui dit ce jeune homme; je suis le génie qui préside à la multiplication de l'espèce humaine, j'ai remarqué l'embarras où tu viens de te trouver au sujet de la génération; j'ai eu pitié de ta peine, et j'offre de te donner sur ce point tous les éclaircissements que tu peux souhaiter. » Voici en peu de mots la doctrine du génie. Les plantes naissent, vivent, croissent, multiplient et meurent ainsi que les hommes et les animaux. Tous ces êtres doivent suivre des règles générales. Les plantes viennent de graine, les hommes et les animaux doivent en venir aussi. Les graines des végétaux se font principalement remarquer dans deux sortes d'endroits, dans les fleurs, qui sont comme le réservoir de ces graines, et dans de petites cavités, de

(1) On trouve dans la correspondance de Grimm à la date du 1er. novembre 1753, une courte mais très-sévère critique d'*Amilec*. Il est vrai que Tiphaigne avait plaisanté sur les encyclopédistes. Ce qui sans doute, excita la mauvaise humeur du baron allemand fut probablement ce qui détermina les éloges de Fréron.

petits vides qui se rencontrent entre le corps de la plante et son écorce. Celles qui se trouvent dans les fleurs y sont fécondées, y croissent, y mûrissent, et tombent ensuite, ou sont cueillies par les hommes. Celles qui se trouvent dans les petites cavités à la surface de la plante font plus de progrès, elles s'y développent, et donnent bientôt naissance à d'autres petites plantes qu'on appelle rejetons. Autour de ces rejetons, et par le même mécanisme il en naîtra plusieurs autres, et ainsi successivement. Si les animaux étaient faits pour rester immobiles comme les plantes, leur multiplication s'exécuterait de même et l'on verrait sortir de leurs corps des rejetons d'animaux qui y seraient attachés, comme d'un arbre il sort plusieurs branches. Mais les animaux doivent se mouvoir, doivent agir; et c'est ce mouvement qui empêche qu'ils ne se reproduisent comme les plantes. Cependant il se trouve des germes dans les animaux comme il s'en trouve dans les végétaux. Ces germes sont placés ou dans des réservoirs particuliers, qui sont aux animaux ce que les fleurs sont aux plantes, ou vers la peau, qui pareillement est aux animaux ce que l'écorce est aux arbres. Les premiers se développent lorsqu'ils sont fécondés par l'approche des deux genres; il s'en forme d'autres animaux : au lieu que ceux qui se rencontrent à la surface du corps, bien loin de s'y développer, y prennent si peu de volume, que l'œil humain aidé du meilleur microscope, peut à peine les apercevoir. Ils y restent quelque temps, tombent ensuite, ou se répandent dans l'air. Ce qu'on dit en général des animaux doit s'entendre en particulier de l'espèce humaine. Il se trouve dans le corps humain des germes, des graines, des rudiments d'hommes. Il y en a dans le réservoir qui leur est destiné chez les deux sexes; il y en a d'autres qui s'échappent par les pores de la peau. Mais ces germes, ces graines échappés aux hommes et aux femmes auraient-ils pareillement échappé à leur destination ? La nature est trop économe pour souffrir une perte de cette importance. Il y a une troupe de génies subordonnés à *Amilec*, dont l'emploi est de sauver la plus grande partie de ces graines. Les hommes sèment, cultivent, recueillent des fruits; ces génies sèment, cultivent, recueillent les graines d'hommes, et comme un jardinier ne réserve en graine que les plus belles et les meilleures plantes de son jardin, de même ils ne recueillent de graines humaines que celles qui sont fournies par les hommes et les femmes du mérite le plus distingué.

Amilec fait sortir l'auteur de son cabinet pour le rendre témoin de la moisson du genre humain. On sent le parti qu'on peut tirer de ces différentes sortes de graines et quel champ cette idée ouvre à la satire. Ici un génie recueille la graine d'un officier qui, après un mûr examen, a cru enfin qu'il n'était pas indigne d'un militaire de penser et d'employer à l'étude le loisir de la paix. Là on recueille la graine d'une jeune personne, mariée depuis cinq ans, qui a de l'esprit, de la beauté, qui est de Paris, et qui cependant a toujours été fidèle à un mari qu'elle n'aime pas. Plus loin on ramasse des graines de petits maîtres, de gens de robe, de financiers, d'ecclésiastiques, etc. Toutes ces graines conservent les propriétés, le caractère des hommes à qui elles appartiennent. Par exemple, les graines de gens de robe sont pourvues d'une qualité corrosive extraordinaire, elles se rongeraient plutôt les unes les autres que de ne pas ronger. La graine d'avocat une fois mise en mouvement, au lieu de se porter comme tous les autres corps naturels à décrire une ligne droite, tend sans cesse à decrire des lignes courbes et paraboliques. La graine de femme est sujette à dégénérer, et ainsi des autres graines.

Amilec conduit son disciple à travers les airs dans son magasin, et chemin faisant, il lui explique la formation des mondes et l'usage qu'il fait des graines humaines.

« Le croiras-tu, lui dit-il, cette multitude innombrable « de tourbillons, de soleils, de terres habitables, qui « composent ce vaste univers, tout cela (non tu ne le « croiras jamais) tout cela a été autrefois contenu dans « un grain dont la grosseur égalait à peine celle d'un « pois. Le développement s'en est fait peu à peu, mais « il n'est pas encore terminé.

« Il est bien des mondes que l'on peut comparer à de « jeunes plantes qui ne commencent, pour ainsi dire, « qu'à germer. Ces amas d'étoiles, ces taches blan- « châtres que vous autres habitants de la terre apercevez « dans la voûte des cieux, et que vous appelez voies de « lait, ne sont autre chose que des paquets de petits « mondes, qui ne sont sortis de leur coque, que depuis « soixante ou quatre-vingt siècles. Ils vous paraissent « fort rapprochés les uns des autres, et ils le sont en « effet, parce qu'ils n'ont pas encore pris beaucoup « d'accroissement, et qu'en conséquence ils occupent « assez peu d'espace.

« Bien plus, notre monde en particulier, notre tour- « billon, quoiqu'entièrement développé, n'a pas encore « atteint à sa dernière perfection. Les planètes sont, « comme personne ne l'ignore, autant de terres habi- « tables; mais il leur faut un certain degré de maturité, « pour qu'elles puissent être peuplées, et toutes ne sont « pas encore parvenues à ce degré. Ces différentes terres

« sont comme autant de grosses pommes, qui, quoiqu'at- « tachées au même arbre, ne mûrissent pas toutes à la « fois.

« Mercure étant le plus proche du Soleil, a mûri le « premier ; ensuite Vénus, puis la Terre. Dès que Mer- « cure fut mûr, j'y fus député avec les germes primor- « diaux des hommes. Parvenu à cette planète, je semai, « je cultivai, je recueillis de nouvelles graines d'hommes. « Ensuite je passai dans Vénus, quand j'eus appris par « le moyen de quelques courriers, que j'y avais envoyé « pour reconnaître le pays, que sa maturité était par- « faite, je semai de nouveau, je peuplai cette planète, « je fis une nouvelle provision de graines. Enfin je partis « de Vénus il y a environ sept à huit mille ans, et j'arri- « vai sur la terre où j'ai continué de semer et de mois- « sonner. Maintenant je suis sur le point de partir pour « Mars, dont la maturité s'avance fort ; de là j'irai « m'établir dans Jupiter ; enfin je finirai ma carrière par « Saturne, qui, d'ici à plus de douze mille ans, ne sera « en état d'être habité.... Oui, je compte que pour le « moins il lui faudra encore ce temps pour mûrir, car « comme tu sçais, il est extrêmement éloigné du Soleil.

« Pour ces petites terres qui tournent autour des « autres, et que vous appelez Lunes ou Satellites, je ne « me donne point la peine de m'y transporter moi-même « pour les peupler ; j'y envoie mes lieutenants. Il y a « quelques cinq cents ans que j'envoyai le génie Zamar « à votre Lune avec bonne provision de graine d'hommes. « Je ne doute pas qu'aujourd'hui la multiplication de « l'espèce n'y soit sur un bon pied ; je suis surpris de « n'en pas recevoir des nouvelles, j'en attends de jour « en jour. »

L'auteur et *Amilec* arrivent enfin au magasin. C'est un appartement fort vaste, les murs sont revêtus de tablettes et de boites étiquetées, le milieu est occupé par une grande table chargée de petits sacs, de paquets, de cornets de papier; de tous côtés des ouvriers actifs y sont occupés à vanner, cribler, tamiser et emballer. Le Génie enseigne à son disciple les différents moyens que l'on emploie pour recueillir et purifier les graines et surtout pour les conserver, car la trop grande humidité les corrompt, la trop grande sécheresse les exténue, une chaleur trop violente dissipe l'esprit qui doit un jour les vivifier, un froid trop considérable les gèle et détruit leur organisation, le grand air les altère, le défaut d'air les suffoque; elles sont encore sujettes à un autre inconvénient, les cirons les attaquent. Pour obvier à tous ces dangers, on a inventé une foule de procédés dont *Amilec* fait la description, ce qui permet à Tiphaigne, à propos de la graine de souverain, de donner une excellente appréciation de la situation politique des divers états de l'Europe à l'époque où il écrit son livre. A cet instant la conversation des deux interlocuteurs est interrompue par un courrier qui apporte de la Lune une lettre du lieutenant *Zamar*.

« Zamar à Amilec, grand-maître de la manufacture « des hommes, salut :

« Illustre Amilec,

« Il y a, comme vous savez, cinq cents ans, que par « votre ordre je partis de la Terre pour aller peupler la « Lune. Le trajet fut de courte durée et des plus heureux. « J'avais fait emballer avec tant de soin, les graines « d'hommes que vous aviez bien voulu me confier, que « sur toute la route je n'en perdis pas une seule.

« Mais quel fut mon étonnement, quand à mon arrivée « dans la Lune, je trouvai cette planète beaucoup plus « peuplée à proportion que ne l'était la Terre d'où je « partais ? Surpris d'un événement si singulier, je m'ap- « pliquai très-sérieusement à en reconnaître la cause. « Après bien des recherches, je pense l'avoir trouvée ; « je vous en fais part.

« Vous avez remarqué sur la terre que la graine « d'étourdi a peu de consistance ; qu'elle est volatile et « plus légère qu'un égal volume d'air. Dès qu'un grain « se détache du corps d'un homme de cette espèce, au « lieu de tomber à terre comme les autres, ou de rester « suspendu à peu de distance, il s'élève dans l'air, sem- « blable à ces exhalaisons que la chaleur volatilise et « emporte dans l'atmosphère. A mesure que la graine « d'étourdi s'élève, à mesure elle se dessèche ; et plus « elle se dessèche, plus son poids diminue, plus elle a « de disposition à continuer de monter ; enfin, quand elle « est parvenue à la plus haute région de l'air, elle entre « dans la matière subtile, où elle reste et est emportée, « tantôt d'un côté, tantôt de l'autre, par les différents « courants de ce fluide.

« Outre cela, vous saurez, illustre Amilec, que l'air « qui environne la Lune, est fort tenu, fort léger, fort « vif, et qu'il a beaucoup de rapport avec la graine « d'étourdi. En roulant autour de la Terre, la Lune a « rencontré sur sa route quelques-unes de ces graines « dispersées çà et là dans la matière subtile ; ces graines, « par leur analogie avec l'air de la Lune, s'y sont fécon- « dées, s'y sont unies, s'y sont accumulées, et ont formé « différents amas sur la surface de cette planète. Un coup « de soleil favorable à l'incubation, est sans doute sur-

« venu ; et voilà des germes qui s'ouvrent, des hommes « qui se développent, des habitants qui se répandent de « toute part, et les régions lunaires qui se peuplent. Vous « êtes trop bon physicien, illustre Amilec, pour ne pas « être satisfait de ces raisons. »

. . . .

Zamar décrit le caractère et les mœurs des habitants de la Lune. Ils ne vivent pas plus de trente ans ; hommes et femmes sont stériles ; les enfants éclosent de côté et d'autre sur la surface de la Lune ; on va les chercher et les cueillir dans certaines saisons, comme, sur la terre, on va dans les champs chercher et cueillir des champignons. On distribue ces enfants trouvés à différents particuliers, qui les aiment comme s'ils étaient à eux : c'est un trait de la Providence, dont il y a assez d'exemples sur la terre. Les lunaires sont tous fous ; en conséquence ils ont établi des écoles de folie ou d'étourderie, où l'on profite beaucoup, comme on a établi sur la terre des écoles de philosophie et de sagesse, où l'on ne profite guères. Les sciences ne sont ni fort estimées, ni fort cultivées dans la Lune. Il s'y rencontre pourtant un assez grand nombre de physiciens ; mais ils n'osent se donner pour gens de lettres ; ils s'affichent comme commerçants, et s'appellent marchands de physique. Les uns le sont en gros, les autres en détail. Les marchands de physique en gros sont des faiseurs de systèmes. Les marchands en détail donnent toute leur attention aux particularités, une pierre, un sel, un insecte, un rien les occupe toute leur vie. « Donnez à quel« qu'un d'entre eux un moucheron et un microscope, « voilà mon homme à lorgner, à décrire, à faire nombre « d'observations. Trois volumes seront bientôt le fruit de

« son travail. Le premier traitera de la tête du moucheron ; le second du tronc; le troisième, des pattes et « des ailes. »

Pendant qu'on lisait la lettre de *Zamar*, le courrier lunaire examinait attentivement notre auteur qui s'en inquiéta. La lettre lue, ce courrier se tourna du côté des autres génies, et leur demanda quel était cet homme qu'il voyait parmi eux, et qu'il avait vu il n'y avait pas long-temps dans la Lune. C'est un habitant de la Terre, lui répondit-on, et vous ne l'avez sûrement pas vu là haut. J'entends, répartit le courrier; apparemment qu'il est du nombre de ceux dont la graine légère s'élève et va se développer à la Lune; j'y ai connu un de ses enfants, qui lui ressemble si fort, qu'en voyant le père j'ai cru voir le fils.

C'est ou à peu près, par ce trait de satire contre lui-même et en acceptant ainsi volontiers le titre d'étourdi, que notre philosophe termine son livre. Il se réveille, en effet, bientôt après, et se retrouve dans son cabinet au milieu de ses tristes volumes.

Plus tard, il est vrai dans les éditions ultérieures de la *graine d'homme* quelques chapitres supplémentaires furent ajoutés sous le titre de *relation du voyage d'un sublunaire* à la lune ; mais on sent qu'ils ont été rajustés après coup et ils ne sont écrits ni avec le même entrain ni avec la même verve que leurs aînés. Toutefois le docteur Tiphaigne a trouvé le moyen d'y intercaller trois petits traités sur la *réforme de l'éducation* (1), sur la *subordination* et sur la *réforme d'un état* dans lesquels on s'étonne de re-

(1) L'Emile de J.-J. Rousseau ne fut publié qu'en 1762. Le citoyen de Genève aurait-il eu connaissance d'*Amilec* ? Plusieurs des idées qu'il a émises sont celles de notre auteur.

trouver des idées qui sont encore à l'ordre du jour, maintenant que les économistes croient avoir fait avancer leur science à pas de géant. Ce qu'il dit de la liberté de la presse, de l'abus des impôts indirects, de la communauté des biens, de la trop grande inégalité des richesses, voire même des comices agricoles et de l'élection populaire, vient d'un homme qui évidemment avait mûrement pesé le fort et le faible de toutes ces questions. Au besoin, nous le pensons, il ne serait pas inutile de le consulter.

Un siècle cependant a passé sur les ouvrages du médecin Caennais. Comment se fait-il qu'on demande toujours et dans les mêmes termes la réforme de ces mêmes abus qu'il signale ?

Le succès d'*Amilec* fut complet. Il ne faut pas cependant l'attribuer d'une manière absolue au mérite de son auteur. En effet, le genre que celui-ci avait adopté était celui qui convenait le plus à la majorité frivole des lecteurs de son temps. Les romans de Swift importés depuis peu en France, avaient fait école et donné lieu à une multitude de productions qui illustrèrent momentanément les chevalier de Mouhy, les Crébillon fils, beaucoup d'autres encore, et desquels il n'est resté en fait que les deux chefs-d'œuvre de Voltaire, *Candide* et *Micromégas.* Tiphaigne donc, en s'abandonnant aux écarts de sa fantaisie, obéissait aussi à un tyran bien plus exigeant que l'imagination. Il subissait l'influence de la mode.

Notre docteur, nous l'avons dit, possédait un immense fond de flânerie, aussi ne fut-ce que long-temps après l'apparition de son premier volume qu'il s'avisa de lui donner un frère (1). C'était en 1760; la traduction du *Rape of the lock* de Pope, par Marmontel, venait de raviver la mythologie des cabalistes si spirituellement révélée, un siècle auparavant, par l'abbé de Villars, dans son *Comte de Gabalis.* Ce fut dans cette gracieuse théorie des esprits élémentaires que Tiphaigne trouva le sujet d'un nouveau roman tracé à peu près sur le même plan que le premier, et dans lequel il prend également lui-même la place du principal acteur.

Cette fois, il est vrai, ce n'est plus dans les astres qu'il est transporté, c'est dans une oasis nommée Giphantie (1), (Anagramme du nom de Tiphaigne). Un beau matin, entraîné par son amour des voyages, il est parti de Babylone (Paris). Arrivé sur les frontières de la Guinée du côté des déserts qui la terminent vers le Nord, il lui prend le désir le plus ardent de pénétrer dans ces solitudes effrayantes et de trouver l'endroit où la nature se refuse à la vie des hommes. Pourvu de quelques tablettes pour apaiser la faim et la soif, d'un masque de verre pour préserver ses yeux des nuages de sable, et d'une boussole pour se guider; il se hasarde enfin dans ces contrées inconnues. Il avance deux jours entiers sans rien voir d'extraordinaire. Le troisième jour marchant sur un terrain aride et sablonneux, il essuie le plus terrible des ouragans, mais la tempête des sables cesse avec le jour, et le voyageur s'endort de lassitude. Il s'éveille avec l'aurore, monte sur un rocher élevé, aperçoit une plaine vaste, unie et féconde. Franchir l'intervalle qui l'en sépare, arriver dans un séjour

(1) Nous n'entendons parler ici que des romans de Tiphaigne.

(2) *Giphantie.* 2 parties in-8°., à Babylone, 1760. (Paris, Durand, rue du Foin, près de la rue St.-Jacques).

enchanté, examiner les productions de la nature, observer des végétaux et des animaux inconnus, revêtus de formes élégantes et variées à l'infini; tout cela est l'affaire d'un instant. La joie se répand dans l'âme de l'observateur; néanmoins, il est surpris et fâché de ne point voir d'hommes. Tout-à-coup une voix frappe ses oreilles; il tourne les yeux du côté d'où elle part; il discerne quelques traits semblables aux nôtres, répandus sur une physionomie douce et majestueuse.

« Je suis le préfet de cette île, dit l'ombre, ton « penchant pour la philosophie m'a prévenu en ta « faveur: je t'ai suivi dans la route que tu viens de « faire, je t'ai défendu contre l'ouragan. Je veux « maintenant te faire voir les raretés qui se trouvent ici; « après quoi, j'aurai soin de te rendre à ta patrie.

« Cette solitude qui t'enchante s'élève au milieu d'une « mer orageuse de sables mouvants; c'est une île envi- « ronnée de déserts inaccessibles, qu'aucun mortel ne « sçaurait franchir sans un secours plus qu'humain. « Son nom est *Giphantie.* Elle fut donnée aux esprits « élémentaires, un jour avant que le jardin d'Eden fût « assigné au père du genre humain. Non pas que ces « esprits passent ici leur temps dans le repos et l'oisi- « veté. Que feriez-vous, foibles mortels, si, répandus « dans l'air, dans l'eau, dans les entrailles de la terre, « dans la sphère du feu, ils ne veilloient sans cesse à « votre sureté? Sans nos soins, les éléments déchaînés « auroient, depuis long-temps, effacé jusqu'aux derniers « vestiges du genre humain. Que ne pouvons-nous vous « preserver entièrement de leurs efforts déréglés! Hélas! « notre pouvoir ne s'étend pas si loin: nous ne pouvons « vous mettre entièrement à couvert des maux qui vous

« environnent: nous empêchons seulement qu'ils ne vous « accablent. C'est ici que les esprits élémentaires viennent « se reposer de leurs fatigues; c'est ici que se tiennent « leurs assemblées, et que se concertent les mesures les « plus justes pour l'administration des éléments.

« De tous les pays du monde, ajouta l'esprit élémen- « taire, Giphantie est le seul où la nature conserve « encore son énergie primitive. Sans cesse elle y travaille « à augmenter les nombreuses familles des végétaux et « des animaux, et à donner de nouvelles espèces. Elle « organise tout avec une admirable intelligence; mais « elle ne réussit pas toujours à perpétuer tout. Le mé- « chanisme de la propagation est le chef-d'œuvre de sa « sagesse: quelquefois elle le manque, et ses productions « rentrent pour jamais dans le néant. Nous ménageons, « avec toutes les précautions dont nous sommes capables, « celles qui se trouvent assez parfaitement organisées « pour pouvoir se reproduire; et, dans la suite, nous « avons soin de les distribuer sur la terre.

« Un naturaliste s'étonne quelquefois de trouver des corps « naturels, qu'aucun autre avant lui n'avait remarqués: « c'est que nous en avons pourvu la terre depuis peu, « et c'est ce qu'il n'a garde de soupçonner.

« Quelquefois aussi ces corps expatriés, ne trouvant « point de climat qui leur soit parfaitement analogue, « dépérissent insensiblement, et l'espèce vient à manquer. « Telles sont ces productions dont parlent les anciens, et « que les modernes se plaignent de ne trouver nulle part.

« Telle espèce de plante subsiste encore, mais languit « depuis plusieurs siècles, perd ses qualités, et trompe « le médecin, qui tous les jours manque son objet. On « accuse l'art; on ne sçait pas que c'est la faute de la « nature.

« J'ai actuellement une collection de nouveaux simples « de la plus grande vertu : et j'en aurois déjà fait part aux « hommes, si de fortes raisons ne m'eussent porté à dif- « férer. »

La vertu de ces simples est toute morale, l'un d'eux, par exemple, fixe l'esprit humain, l'autre adoucit l'aigreur des gens de lettres, etc. L'auteur trouve ici le moyen de donner carrière à son esprit satirique, et il en profite largement.

Après une longue digression cependant le préfet de Giphantie revient aux esprits élémentaires. Ce qu'il dit des Salamandres, des Sylphes, des Nymphes et des Gnômes est conforme à tout ce que nous en avait appris *le Comte de Gabalis*. Il explique de plus les raisons pour lesquelles ils n'apparaissent plus sur la terre. Le séjour continu que ces génies font dans l'air, dans l'eau, dans le feu, dégradait peu à peu leur essence, la matérialisait et la rendait visible, on les prit pour des divinités et on les adora. C'était un inconvénient grave : pour y remédier les esprits ont élevé une colonne, espèce de filière, dans laquelle ils viennent déposer tout ce qui paraît étranger à leur substance. Du haut de la colonne s'élèvent dans les airs des vapeurs, des exhalaisons, dont les assemblages variés forment différents simulacres. Ce sont des surfaces très-minces qui participent des qualités des différents génies qu'elles enveloppaient. Ces simulacres tombent sous la main des hommes; ils s'en revêtent, et de là vient qu'on voit dans le monde tant de surfaces de science, d'érudition, de prudence, de sagesse, de probité, de patriotisme.

Le moyen qu'emploient les esprits élémentaires pour savoir ce qui se passe sur la terre est aussi ingénieux

que compliqué. Ils ont inventé un globe creux et organisé de manière à ce que l'air en y entrant, acquiert une énergie prodigieuse. De petits canaux imperceptibles viennent des quatre parties du monde, aboutir à ce globe. Les vibrations et par conséquent les sons qu'elles transmettent, se partagent par ces tuyaux et la force qu'ils perdent dans leur route est compensée par celle qu'ils gagnent à l'entrée du globe. C'est l'écho de tout l'univers. Toutes les voix, tous les sons y sont fidèlement répétés, il suffit pour les distinguer de prendre en main une baguette, d'en poser un bout sur un point quelconque de la machine et de porter l'autre extrémité à son oreille. On entend ensuite distinctement tout ce qui se dit dans l'endroit correspondant de la terre. Un miroir réflecteur d'une composition miraculeuse permet par un mécanisme analogue de voir les actions des hommes.

On conçoit que notre auteur saisisse en même temps que le miroir et la baguette l'occasion d'exercer sa verve. Il entend de ridicules propos, voit des choses plus ridicules encore, et fait assister le lecteur au spectacle dont il jouit. Parfois même il abandonne ses diatribes mordantes pour raconter quelque anecdote dans le genre de la suivante, qui nous rappelle, quant au fond, une des plus charmantes fables de Lafontaine *l'homme qui court après la fortune*, mais qui diffère par la morale.

« Parmi les cantons qui passoient successivement sous « mes yeux, il s'en trouva un qui fixa mon attention. « J'y apperçus une maison de campagne ni petite ni « grande, ni trop ornée ni trop nue. La nature, plus que « l'art, en embellissoit les dehors. Elle dominoit sur des « jardins, des bosquets et quelques étangs qui termi- « noient un coteau tourné à l'Orient. On y célébroit en

« ce moment une fête champêtre; les habitants des en-« virons y étoient accourus. Les uns, couchés sur le « gazon, buvoient à longs traits, et s'entretenoient de « leurs anciennes amours; les autres à leur voix mê-« loient le son des musettes; et plusieurs exécutoient « des danses que les vieillards ne trouvoient pas aussi « belles que celles du temps passé.

« Vois-tu sur le balcon, me dit le préfet, cette jeune « femme qui, d'un air riant, considère ce spectacle ? « Elle est mariée depuis quelques jours, et c'est pour « elle que se donne cette fête. Son nom est Sophie : elle « a de la beauté, comme tu vois, de la fortune, de « l'esprit, et, ce qui vaut plus que tout le reste, beaucoup « de bon sens. Elle a eu tout à la fois cinq amants : aucun « n'avoit fait sur son cœur une impression vive, aucnn « ne lui déplaisoit; elle ne sçavoit auquel donner la pré-« férence.

« Un jour elle leur dit : je suis jeune; et mon intention « n'est pas de me jetter encore dans ces liens indisso-« lubles, qu'on ne se donne jamais que trop tôt. Si ma « main vaut autant que vos empressements semblent « l'annoncer, faites vos efforts pour la mériter. Mais, je « vous le déclare, je ne ferai mon choix que dans « quelques années.

« Des cinq amans de Sophie, le premier avoit beaucoup « de disposition à dissiper son bien. Les femmes, dit-il, « se prennent par l'extérieur : dépensons beaucoup, et « n'épargnons rien.

« Le second avoit un fonds d'économie qui inclinoit « à l'avarice. Vis-à-vis de Sophie, dit-il, qui pense so-« lidement, le meilleur est de se montrer capable « d'amasser beaucoup de bien : jettons-nous dans le « commerce.

« Le troisième avoit l'âme fière et haute. Sûrement, « dit-il, Sophie, qui pense avec noblesse, se laissera « toucher par l'éclat de la gloire : prenons le parti des « armes.

« Le quatrième étoit un homme de cabinet. Sophie, « dit-il, qui a tant d'esprit, penchera du côté où elle « en trouvera le plus : continuons de cultiver le nôtre, « et tâchons de nous distinguer parmi les sçavants.

« Le cinquième était un homme oiseux, qui ne se « soucioit pas beaucoup des affaires de ce monde : il ne « sçavoit quel parti prendre.

« Chacun suivit son plan, et le suivit avec cette ardeur « que l'amour seul est capable d'inspirer.

« Le prodigue fondit une partie de son bien en habits, « en équipages, en domestiques ; il fit bâtir une belle « maison, la meubla superbement, tint table ouverte, « donna des bals et des fêtes de toute espèce : on ne « parloit que de sa générosité et de sa magnificence.

« Le marchand remua tous les ressorts du commerce, « s'intéressa dans toutes les parties du monde, et de- « vint un des hommes les plus riches de son pays. Le « militaire chercha des occasions, et bientôt se distingua. « Le sçavant redoubla ses efforts, fit des découvertes, « et se rendit célèbre.

« Cependant l'oiseux faisoit ses réflexions ; et, per- « suadé qu'en restant dans l'inaction il seroit exclus, « il s'efforçoit de vaincre son indolence. Les biens qu'il « tenoit de ses pères lui semblèrent assez considérables, « il ne voulut point se jetter dans le commerce ; le tu- « multe de la guerre étoit trop opposé à son caractère, « il ne voulut point prendre le parti des armes ; il n'avoit « jamais lu que pour son amusement, les sciences ne lui

« paroissoient point valoir les peines qu'on se donne « pour elles ; il ne se soucia point de devenir sçavant. « Que faire donc ? Attendons, dit il, le temps nous dé« terminera. Ainsi il resta à sa maison de campagne, « taillant ses arbres, lisant Horace, et allant voir de « temps en temps le seul objet qui troublât sa tran« quillité. Toujours dans la résolution de prendre un parti, « le temps s'écoula ; il n'en prit aucun.

« Le terme fatal approche, disoit-il quelquefois à « Sophie : vous allez vous décider, et ce ne sera sûrement « pas en ma faveur. Encore quelques jours, et c'est fait « de moi. Cette solitude tranquille, ces champs délicieux « vous ne les embellirez point, vous ne les animerez point « par votre présence. Ces jours sereins, que je comptois « passer auprès de vous dans la volupté la plus pure, n'étoient « que des songes flatteurs, dont l'amour charmoit mes sens. « O Sophie ! tout ce qui remue les passions et trouble le « repos des hommes n'a pu rien sur moi ; mes désirs se « sont réunis vers vous ; et je vous perds pour jamais !

« Vous êtes trop juste, lui répondoit Sophie, pour « trouver mauvais que j'incline du côté où je croirai « trouver mon bonheur.

« Enfin, le temps s'écoula ; et, non sans bien des « réflexions, Sophie se détermina à prendre un parti.

« Elle dit au prodigue : si j'ai été le but de vos dé« penses, j'en suis fâchée : mais ce que vous avez fait « pour moi, vous l'auriez fait indépendamment de moi. « Votre penchant à la dépense est décidé. Vous avez « dissipé une partie de votre bien, pour obtenir une « femme ; vous dissiperiez l'autre, pour vous distraire « des ennuis du ménage. Je vous conseille de n'y jamais « songer.

« Elle dit au marchand, au militaire et au sçavant : « je sçais que vous m'avez marqué beaucoup d'attache- « ment : mais je pense aussi que vous n'en avez pas moins « marqué, vous pour les richesses, vous pour la gloire, « et vous pour les sciences. En essayant de fixer mon « penchant, chacun suivoit le sien; chacun agissoit autant « pour soi-même que pour moi. Que je me donne à « quelqu'un de vous, il lui restera toujours des vues « sur d'autres objets ; l'un s'occupera de l'augmentation « de sa fortune, l'autre de son avancement dans le ser- « vice, l'autre de ses progrès dans les sciences. Je ne « puis donc suffire à aucun de vous : et mon désir est « de remplir le cœur de quelqu'un qui remplisse le « mien.

« Le même jour, elle vit le solitaire. Vous vous y « attendez depuis long-temps, lui dit-elle; je vais enfin « m'expliquer. Vous sçavez ce que vos rivaux ont fait pour « obtenir ma main : voyez ce qu'ils furent et ce qu'ils « sont. Pour vous, tel vous avez été, tel vous êtes. J'en « crois voir la raison. Indifférent sur toute autre chose, « vous n'avez qu'une seule passion ; et j'en suis l'objet. « Je puis seule vous rendre heureux. Hé bien ! mon « bonheur sera de faire le vôtre. Je partagerai les douceurs « de votre solitude ; et je tâcherai de les multiplier. »

Notre héros cependant revient bientôt à ses satires, reprenant le miroir, il voit des théâtres où l'on va pleurer sur les malheurs des temps passés, afin d'oublier les malheurs du temps présent ; des académies où l'on devrait disserter, et où l'on se querelle ; des temples qu'on bâtit, en attendant que la religion se rétablisse ; des orateurs qui annoncent aux peuples pervertis les malheurs les plus terribles, et des auditeurs qui mesurent les phrases et critiquent le style ; un palais où l'on a placé des magistrats pour la sûreté de vos biens et dans lequel vous conduisent des guides qui vous dépouillent. Enfin, fatigué, il s'abandonne au préfet de Giphantie qui consent à lui servir de *Cicerone* et à lui montrer toutes les choses curieuses que renferme son domaine. C'est dans la description de ces merveilles que Tiphaigne fait preuve des connaissances les plus variées et les plus étendues. Ses fictions ne sortent pas absolument du vraisemblable et ne répugnent ni aux esprits positifs ni aux hommes de science.

« Le Préfet, dit-il dans un passage, m'introduisit dans « une salle médiocrement grande et assez nue, où je fus « frappé d'un spectacle qui me causa bien de l'étonne- « ment. J'apperçus, par une fenêtre, une mer qui ne « me parut éloignée que de deux ou trois stades. L'air « chargé de nuages ne transmettoit que cette lumière « pâle, qui annonce les orages : la mer agitée rouloit « des collines d'eau, et ses bords blanchissoient de « l'écume des flots qui se brisoient sur le rivage.

« Par quel prodige, m'écriai-je ! l'air, sérein il n'y a « qu'un instant, s'est-il si subitement obscurci ? Par quel « autre prodige trouvai-je l'Océan au centre de l'Afrique ? « En disant ces mots, je courus avec précipitation, pour « convaincre mes yeux d'une chose si peu vraisemblable. « Mais, en voulant mettre la tête à la fenêtre, je heurtai « contre un obstacle qui me résista comme un mur. « Etonné par cette secousse, plus encore par tant de « choses imcompréhensibles, je reculai cinq ou six pas « en arrière.

« Ta précipitation cause ton erreur, me dit le préfet. « Cette fenêtre, ce vaste horison, ces nuages épais, cette « mer en fureur, tout cela n'est qu'une peinture.

« D'un étonnement je ne fis que passer à un autre : je « m'approchai avec un nouvel empressement ; mes yeux « étoient toujours séduits, et ma main put à peine me « convaincre qu'un tableau m'eût fait illusion à tel « point.

« Les esprits élémentaires, poursuivit le préfet, ne « sont pas si habiles peintres qu'adroits physiciens; tu « vas en juger par leur manière d'opérer. Tu sçais que « les rayons de lumière, réfléchis des différents corps, « font tableau, et peignent ces corps sur toutes les sur- « faces polies, sur la rétine de l'œil, par exemple, sur « l'eau, sur les glaces. Les esprits élémentaires ont « cherché à fixer ces images passagères ; ils ont com- « posé une matière très-subtile, très-visqueuse et très- « prompte à se dessécher et à se durcir, au moyen de « laquelle un tableau est fait en un clin-d'œil. Ils en- « duisent de cette matière une pièce de toile, et la pré- « sentent aux objets qu'ils veulent peindre. Le premier « effet de la toile, est celui du miroir; on y voit tous « les corps voisins et éloignés, dont la lumière peut « apporter l'image. Mais, ce qu'une glace ne sçauroit « faire, la toile, au moyen de son enduit visqueux, « retient les simulacres. Le miroir vous rend fidélement « les objets, mais n'en garde aucun; nos toiles ne les « rendent pas moins fidélement, et les gardent tous. « Cette impression des images est l'affaire du premier « instant où la toile les reçoit : on l'ôte sur-le-champ, « on la place dans un endroit obscur ; une heure après, « l'enduit est desséché, et vous avez un tableau d'autant « plus précieux, qu'aucun art ne peut en imiter la vé- « rité, et que le temps ne peut en aucune manière l'en- « dommager. Nous prenons dans leur source la plus

« pure, dans le corps de la lumière, les couleurs que « les peintres tirent de différents matériaux, que le laps « des temps ne manque jamais d'altérer. La précision « du dessein, la vérite de l'expression, les touches plus « ou moins fortes, la gradation des nuances, les règles de la perspective ; nous abandonnons tout cela à la « nature qui, avec cette marche sûre qui jamais ne se « dément, trace sur nos toiles des images qui en im- « posent aux yeux, et font douter à la raison si ce qu'on « appelle réalités ne sont pas d'autres espèces de fan- « tômes qui en imposent aux yeux, à l'ouie, au toucher, « à tous les sens à la fois.

« L'esprit élémentaire entra ensuite dans quelques « détails physiques; premièrement, sur la nature du « corps gluant, qui intercepte et garde les rayons; « secondement, sur les difficultés de le préparer et de « l'employer; troisièmement, sur le jeu de la lumière et « de ce corps desséché : trois problêmes que je propose « aux physiciens de nos jours, et que j'abandonne à « leur sagacité. »

On a beaucoup parlé de la prescience de Cyrano de Bergerac. On a cité jusqu'à satiété des passages de son *Histoire des états et empire de la Lune* où il a décrit la *montgolfière* et le *parachute* qui ne furent découverts que cent cinquante ans après lui. On avouera toutefois en examinant cette description du *daguerréotype* perfectionné que nous venons de donner, que le docteur Tiphaigne, qui lui aussi se livra dans des ouvrages du même genre à tous les écarts de son imagination, possédait à un degré tout aussi grand le talent de la divination ou, pour mieux dire, avait fait des études physiques aussi profondes, pour le moins, que celles du romancier Périgourdin.

Après avoir parcouru une galerie de peintures composée ainsi de tableaux d'histoire, de paysages, de tableaux de genre, obtenus par le procédé photographique, les deux interlocuteurs passent à d'autres merveilles. Ils rencontrent des arbres qui de toutes leurs parties lancent au loin des gerbes où se peignent les couleurs de l'iris. *Tel le soleil, regardé au travers des rameaux d'un arbre épais, semble couronné de rayons étincelants, où éclatent les couleurs les plus vives et les plus variées.* — Comparaison qui, soit dit en passant, rappelle assez bien le point de départ des connaissances modernes sur la diffraction de la lumière. — Ils trouvent des insectes dont les piqûres donnent la démangeaison de parler, d'écrire, de savoir ou celle de se singulariser, ou celle d'être connu, enfin l'arbre des inventions, des découvertes, des arts et des sciences.

Un voyage aussi long, une tempête essuyée, tant de courses successives fatigueraient l'homme le plus robuste. Aussi, le préfet de Giphantie s'aperçoit-il à la fin que son protégé doit avoir besoin de nourriture substantielle, et l'avertit alors qu'il lui a fait préparer un repas et qu'il va le régaler à la mode des esprits élémentaires. Il le conduit dans une grotte qui contient pour tout meuble une table de marbre et un siége de canne sur lequel il est engagé à s'asseoir. Trente salières remplies de sels de différentes couleurs occupaient une partie de la table et formaient un cercle au milieu duquel on avait placé un fruit assez semblable à nos melons, à côté, était une caraffe pleine d'eau, autour de laquelle d'autres salières formaient un autre cercle. Cet appareil n'avait rien de tentant, et jamais notre homme ne s'était senti moins d'appétit. Cependant pour ne pas manquer à un hôte auquel il devait tant d'égards, il goûte du fruit, boit un verre d'eau et dit qu'il est rassasié. Le génie invite son convive avant d'abandonner la table, à assaisonner son fruit insipide et sa boisson avec les poudres salines qui les environnent. Celui-ci considère attentivement les salières, elles sont étiquetées et il lit sur les unes : sel de bécasse, sel de caille, sel de macreuse, sel de truite, sel d'orange, sel d'ananas.... Sur les autres, sève concrète de vin du Rhin, sève de Champagne, de Bourgogne, de Scuba d'Irlande, d'huile de Vénus, de crême des Barbades, etc. Il reprend le fruit, met sur une tranche un grain, tantôt d'une poudre, tantôt d'une autre, et croit manger une aîle d'ortolan, un morceau de turbot ; il fait la même épreuve sur son eau et selon le sel qu'il y fait dissoudre il boit du vin de Beaune, de Nuits, de Chambertin.

L'auteur est assez heureux pour obtenir du préfet les premières notions de l'art culinaire Giphantien, il en reçoit encore d'autres enseignements sur d'autres sciences, et enfin, est renvoyé par lui à Babylone par une route souterraine ignorée des humains. Ce nouveau trajet lui permet, chemin faisant, d'émettre quelques opinions géologiques et d'esquisser une théorie des volcans et de leurs éruptions dans laquelle ses hypothèses se rapprochent beaucoup de celles qui ont été établies de nos jours par MM. Davy et Gay-Lussac.

Fréron en rendant compte de *Giphantie* lorsqu'il parut fut complètement juste envers le docteur Tiphaigne, il lui reconnut une plume correcte, riche, harmonieuse, des tons variés, un langage élevé, des couleurs fortes, une adroite ironie, des intentions estimables et surtout une morale et des principes qui le font aimer et respecter. Il lui reprocha cependant la *façon très-indiscrète* dont il a traité des matières *très-délicates* dans quelques chapitres hors-d'œuvre du genre de ceux qui terminent *La graine d'homme.* Ces matières délicates ne sont que le rajeûnissement comique de quelques vieilles opinions de Rorarius sur le raisonnement des animaux, par lesquelles Tiphaigne s'est amusé à contrecarrer non seulement les systèmes d'Aristote et ceux de Descartes, mais surtout encore ceux de Buffon et de Condillac qui venaient d'avoir une discussion à ce sujet. Nous serons moins sévère que le rédacteur de l'*Année littéraire*, car nous pensons que le romancier, cette fois plus satirique que philosophe, n'a traité de l'âme des bêtes qu'afin de placer deux ou trois plaisanteries, fort innocentes d'ailleurs, sur ses confrères les gens de lettres.

Tiphaigne de la Roche resta cinq ans avant de publier un nouveau roman. Nous ne considérons pas, en effet, comme tel, *L'empire des Zaziris sur les humains ou la Zazirocratie*, Pékin (Paris), 1761, parce que ce n'est en partie qu'un réchauffé de ce que nous avons déjà appris en lisant *Giphantie.* Les Zaziris sont des sylphes ou des génies qui influent sur chaque homme à tout instant et dans toutes les circonstances de la vie. Nous nous abstiendrons d'en parler comme nous l'avons déjà fait à l'égard de deux volumes publiés en 1759, Amsterdam, Arkstée, sous le titre de *Bigarrures philosophiques* et reproduits en 1779, sans avoir été réimprimés, sous celui de *Les discours d'Ibrahim*, après la mort de l'auteur et seulement comme spéculation de librairie. Il est présumable que celui-ci n'attacha jamais un grand prix aux trois articles qui composent ces discours : *les visions d'Ibrahim philosophe arabe, le voyage aux limbes,* et l'*Essai sur la nature de l'âme.* Nous préférons passer tout d'un coup à un autre livre qui nous présente le docteur normand sous un autre aspect.

En 1765, Tiphaigne de la Roche mit au jour un nouveau volume : *Sanfrein, ou mon dernier séjour à la campagne.* Cette fois il abandonnait le genre fantastique et entrait de prime-abord dans le roman de mœurs et dans ce que nous appellerons le roman de caractère, genre le plus difficile de tous, dans lequel on n'a encore, nous le croyons, rencontré qu'un seul ouvrage qui soit devenu classique, le *Don Quichotte.* Tiphaigne se tira cependant à son honneur de la difficulté qu'il s'était imposée, bien qu'il doutât lui-même de la réussite et qu'il en fit assez bon marché dans sa préface.

« Je viens, dit-il, de passer cinq à six mois à la « campagne, où je comptais m'ennuyer et où j'ai trouvé « de quoi me distraire et m'amuser agréablement. J'ai « employé quelques moments à jetter sur le papier ce « qui se passoit autour de moi. C'est cette espèce de « journal que je publie aujourd'hui. J'eus quelques « entretiens qui peuvent passer pour économiques, « moraux, physiques, je rendrai compte de tout cela. « Si ce petit ouvrage peut plaire au public, je rends un « grand service, en ce moment où l'on a tant de peine « à s'amuser ; s'il ne lui plaît pas, il n'y aura rien « d'extraordinaire, et autant vaut que ce soit moi qui « l'ennuie qu'un autre ».

A la crânerie près, un tel préambule est presque une préface de Scudéry.

Le caractère du héros du roman est indiqué par son nom : *Sanfrein.* C'était un homme qui, par je ne sais quel vice attaché à sa constitution, s'éloignait naturellement de ce qui lui était commandé; s'il fit dans ses études des progrès considérables, c'est qu'on ne lui prescrivit rien ou qu'on lui défendit ce qu'on voulait en obtenir. Car pour se gêner en quoi que ce fût, cela était au-dessus de ses forces.

Lancé dans le monde, *Sanfrein* s'était fait un plan de conduite, il voulait se livrer au plaisir, mais prudemment. Il commença par fréquenter le spectacle et fit bientôt connaissance avec une actrice, « seulement pour lui dire « de temps à autre qu'il étoit un de ses plus zélés admi- « rateurs. » Au bout de quelque temps la discrète demoiselle administrait les deux tiers des revenus de *Sanfrein*.

Sanfrein joue d'abord par amusement, puis il se livre à un jeu effréné; il en est de même des plaisirs de la table, après les avoir goûtés sobrement, il devient un gourmand à citer. Son système d'économie dans les passions finit par le livrer au trois plus actives : le vin, le jeu et les femmes. Il sent bien qu'il n'aura jamais assez de force pour s'en débarrasser et il ne perd point son temps à faire d'inutiles efforts.

Tout-à-coup un héritage rend *Sanfrein* maître d'une brillante fortune. Il le surprend au moment où blasé par l'excès des plaisirs ils ont perdu tout leur attrait pour lui, il se prend d'un bel enthousiasme pour les arts et les sciences, s'entoure de musiciens, de peintres, de poètes, d'artistes, de tous les gens de lettres quelconques, joue, en un mot, le rôle de protecteur, mais il éprouve encore la même satiété. « Où en suis-je, se dit-il, et « que vais-je devenir? Les plaisirs des sens ont passé « pour moi comme une ombre, les plaisirs de l'esprit « n'ont pu les remplacer. Je me sens dans l'âme un vide

« qui me tue. On me l'avoit toujours bien dit; le cœur « humain est au-dessus de tous ces objets. Ils peuvent « l'occuper pour quelque temps, mais il ne le remplissent « jamais. Il est fait pour des désirs plus sublimes et des « plaisirs plus purs. La religion seule peut le combler « d'un bonheur qu'il cherche en vain partout ailleurs. « Ouvre les yeux, *Sanfrein*, reconnois tes erreurs, et « mets-toi sur la bonne voie. »

Il devient donc aussi dévot qu'il avait été libertin, sa dévotion dure six mois et disparaît un vendredi devant une aile de perdreau.

C'est alors seulement que *Sanfrein* croit trouver un refuge dans le mariage. Par malheur la jeune fille qu'il veut épouser en aime un autre qui parvient à l'évincer. Ces noces, auxquelles il assiste, mettent *Sanfrein* au désespoir, il est attaqué de consomption, tombe malade et meurt.

On voit par cette courte analyse que le caractère de *Sanfrein* est bien tracé, c'est un portrait ressemblant dont nous rencontrons tous les jours l'original et dans lequel, à la rigueur, chacun de nous en s'examinant bien, pourrait reconnaître quelqu'un de ses traits. Les personnages dont Tiphaigne a entouré son héros ne sont pas moins *nature*, comme dirait un peintre, il y a surtout un père et une mère fort amusants qui appartiennent à la bonne comédie.

« M. *de la Prime-Heure* avoit été successivement « ecclésiastique, magistrat, militaire ; toujours disant « dans les commencements : c'est précisément l'état « qu'il me falloit, et toujours s'en ennuyant dans la suite. « A la fin il avoit pris le parti de n'être rien, et s'en « tint à celui-là, je crois qu'il avoit eu raison. Quand

« il fut question de se marier, toutes les filles lui paroissoient charmantes, et de semaine en semaine il faisoit un choix dans lequel il persistoit huit jours. Mme. *de la Prime-Heure* tint plus long-temps; elle plut trois semaines complètes et eut l'honneur de devenir son épouse. »

Cette union eût été des plus heureuses si le mari et la femme n'avaient été doués des humeurs les plus incompatibles. « Autant la nouveauté et tout commencement plaisoient à Monsieur, autant ils déplaisoient à Madame; elle avoit une sagacité singulière pour saisir, au premier coup-d'œil, toutes les imperfections de qui que ce fût, elle ne voyoit que cela, et commençoit toujours par ne pouvoir souffrir personne. Dans la suite, venant à discerner peu à peu les bonnes qualités que chacun pouvoit avoir, elle perdoit aussi le souvenir de ses défauts, et finissoit par l'estimer autant qu'elle l'avoit déprisé. »

Ainsi M. *de la Prime-Heure* était d'abord frappé du bien et ne voyait point le mal, Madame était d'abord frappée du mauvais et ne voyait point le bon et quand Monsieur venait à découvrir le mal, Madame venait à découvrir le bien.

L'intention comique du romancier est facile à saisir, il arrive naturellement qu'au moment où celui-là se dégoûte de *Sanfrein*, celle-ci prend du goût pour lui. Le mari croit que sa femme est restée dans les mêmes sentiments d'aversion, et il est charmé de se réconcilier avec elle et de lui apprendre qu'il partage sa façon de penser.

« J'avoue, dit-il à son épouse, que je me hâte un peu trop dans mes décisions; c'est un défaut que je tiens

« de la nature, j'ai beau me réprimer, j'y reviens « toujours. Je suis heureux de trouver chez vous une « résistance prudente, qui m'arrête et m'épargne bien « des fautes.

« Madame, dans l'idée que son mari s'apercevoit « depuis long-temps qu'elle avait changé d'avis et pris « le sien, s'imagina qu'il vouloit se donner le plaisir « de railler; le debut ne lui plut point. De grâce, dit- « elle, trève de plaisanterie. Votre femme est enfin de « votre avis, vous devez vous en applaudir, et non pas « en railler.

M. DE LA PRIME-HEURE.

« Je ne plaisante point, je connais mes défauts, mais « nous voilà d'accord, et j'en ai beaucoup de joie. Ce « qui m'inquiète maintenant, c'est la manière dont nous « devons conduire cette affaire. Je crois pourtant, sauf « meilleur avis, que vous ferez bien de persister dans « l'opposition que vous avez apportée au mariage de « *Sanfrein*, tandis que...

MADAME.

« Encore une fois, Monsieur, je trouve la plaisanterie « on ne peut pas plus déplacée dans les circonstances « où nous sommes.

M. DE LA PRIME-HEURE.

« Je crois que vous me ferez tourner la tête. Qui plai- « sante, je vous prie? n'est-il pas clair que, si vous « persistez dans vos refus, quoique je paroisse toujours

« dans les mêmes dispositions, *Sanfrein* rebuté à la « longue se retirera, et nous nous déferons de lui, sans « me compromettre ni paroître lui manquer de parole.

MADAME.

« Je commence à ne plus rien comprendre à tout ceci. « Auriez-vous donc changé d'avis ? Seroit-ce bien sérieu- « sement que vous chercheriez à vous débarrasser de « *Sanfrein* ?

M. DE LA PRIME-HEURE.

« Sans doute, et c'est en quoi je me suis rapproché « de votre façon de penser.

MADAME.

« Et c'est en quoi nous nous trompions tous deux ; « car j'ai aussi changé d'avis, et maintenant je suis « pleinement convaincue que si nous avons à nous don- « ner un gendre, nous ne pouvons mieux choisir que « *Sanfrein*.

M. DE LA PRIME-HEURE.

« Que me dites-vous là? Quoi ; vous estimez à ce « point un homme dont vous ne pouviez soutenir la « vue, il y a six semaines !

MADAME.

« Quoi, vous êtes dégoûté à ce point d'un homme « qui vous plaisoit tant, il n'y a pas un mois !

M. DE LA PRIME-HEURE.

« Avez-vous pu en si peu de temps perdre de vue
« les mauvaises qualités qui vous le faisoient mésestimer
« plus que personne au monde?

MADAME.

« Et vous, avez-vous pu en si peu de temps perdre
« de vue ces rares qualités qui avoient d'abord mérité
« toute votre bienveillance?

M. DE LA PRIME-HEURE.

« Je comptois avoir la paix; je me conformois aux
« sentiments de Madame, et lorsque je viens lui dire
« que je pense comme elle, Madame n'est plus la
« même; elle a changé d'avis.

MADAME.

« Je n'espérois pas moins que nous allions vivre en
« bonne intelligence; je m'en applaudissois, mais tout
« est changé chez Monsieur, et me voilà bien loin de
« mon compte.

M. DE LA PRIME-HEURE.

« Quand je crois sortir d'un embarras, je tombe
« dans un plus grand. Que dire? Que faire?

MADAME.

« Cela me paroît simple; vous avez donné votre pa-
« role, j'ai donné la mienne, il faut la tenir. Il faut
« que *Sanfrein* soit votre gendre et le mien.

M. DE LA PRIME-HEURE.

« C'est ce que je ne souffrirai jamais.

MADAME.

« C'est à quoi vous vous résoudrez quand il vous plaira.
« Pour moi mon parti est pris, et jamais je ne donnerai
« mon consentement pour le mariage de ma fille qu'en
« faveur de *Sanfrein*. Adieu M. de la Prime-Heure;
« souvenez-vous qu'il faut avoir des procédés, et qu'il
« n'est pas honnête de balloter ainsi un honnête homme.»

Les critiques du temps reconnurent dans *Sanfrein ou mon dernier séjour à la campagne*, comme dans les autres productions de Tiphaigne, un sens très-moral, de l'esprit, de la facilité et des vues philosophiques, ils regrettèrent seulement que l'auteur n'en ait fait qu'une bagatelle quand dans ses mains elle eût pu devenir un de nos meilleurs romans. L'éloge était mérité, mais Tiphaigne ne nous paraît pas avoir beaucoup tenu à la gloire de doter sa patrie d'un nouvel ouvrage classique. C'était avant tout un homme qui cherchait à se distraire et à s'occuper agréablement. Néanmoins, peut-être malgré lui, ses livres jouirent d'une grande réputation. *Amilec* et *Sanfrein* eurent plusieurs éditions (1); *Giphantie* fut traduit en Anglais.

De toute cette renommée acquise sans le savoir il ne reste rien. Quelle leçon pour nos écrivains du jour! Ils auront beau, grâce au feuilleton et à l'illustration s'être répandus à des milliers d'exemplaires; comme Tiphaigne ils auront beau avoir usé, abusé même, de la philosophie, de la morale et du socialisme; en restera-t-il quelque chose dans cent ans?

Outre ses romans, Tiphaigne de la Roche publia encore:

En 1751, in-12, l'*Amour dévoilé ou le système des sympathistes*, ouvrage médico-philosophique, moitié par chapitres, moitié par lettres, où l'auteur réfutant les anciens et les modernes, surtout Descartes, donne la transpiration pour cause de nos affections: la matière transpirante de l'un, suivant qu'elle chatouille, flatte, blesse les fibres de l'autre, ou ne produit aucun effet, devient la cause de l'amitié, de la haine ou de l'indifférence.

Et en 1765, in-8°., *Observations physiques sur l'agriculture, les plantes et les minéraux.*

Il avait publié en 1760, in-8°., un *Essai sur l'histoire économique des mers occidentales de France*, qu'on mit au nombre des travaux les plus utiles dans son genre. La première partie traite des produits de la mer en général et de leur valeur; la seconde s'occupe spécialement du canal de la Manche, des fonds et de la variété des côtes, des pêches, de l'origine de certains

(1) *Sanfrein* fut réimprimé en 1770, sous le titre de la *Girouette ou Sanfrein.*

péages et droits sur le poisson, etc. ; la dernière partie est consacrée à des espèces particulières de pêches, telles que celles des marsouins et des huîtres, à l'occasion desquelles l'auteur propose des améliorations industrielles ou législatives. Le premier chapitre qui sert d'introduction à cet *Essai* est assez remarquable. Sabatier de Castres, dans ses *Trois siècles littéraires*, a été jusqu'à dire qu'*en le lisant on croyait entendre* Pline l'ancien.

Pour ne pas avoir à donner de démenti à l'abbé Sabatier, nous reconnaîtrons volontiers avec lui que les œuvres sérieuses de Tiphaigne partent d'*un bon citoyen* ; mais nous nous abstiendrons d'en dire davantage. Tenons-nous-en à ses romans.

www.ingramcontent.com/pod-product-compliance
Lightning Source LLC
LaVergne TN
LVHW020253230826
846091LV00006B/2386

* 9 7 8 2 0 1 1 3 3 9 1 7 1 *